Gi
2

STORY

Der Oberschüler Ritsuka Uenoyama begegnet eines Tages auf dem Treppenabsatz, auf dem er gern sein Nickerchen macht, dem schlafenden Mafuyu Sato, der eine kaputte Gitarre im Arm hält. Nachdem Uenoyama sie repariert hat, bittet Mafuyu ihn um Gitarrenunterricht.
Unfähig, den beharrlichen Bitten zu widerstehen, gibt Uenoyama schließlich nach und beginnt widerwillig, Mafuyu zu unterrichten. Als er ihn jedoch zufällig singen hört, ist er so ergriffen, dass er ihn in seine Band holt. Zusammen mit den anderen Bandmitgliedern, Akihiko Kaji und Haruki Nakayama, beginnen sie eifrig Songs für ihr erstes Livekonzert zu schreiben. Nur dem für die Texte zuständigen Mafuyu fällt einfach nichts ein.
Und dann hört Uenoyama eines Tages das Gerücht, dass Mafuyu in der Mittelschule mit einem Jungen zusammen war. Und dass dieser Selbstmord begangen hat.

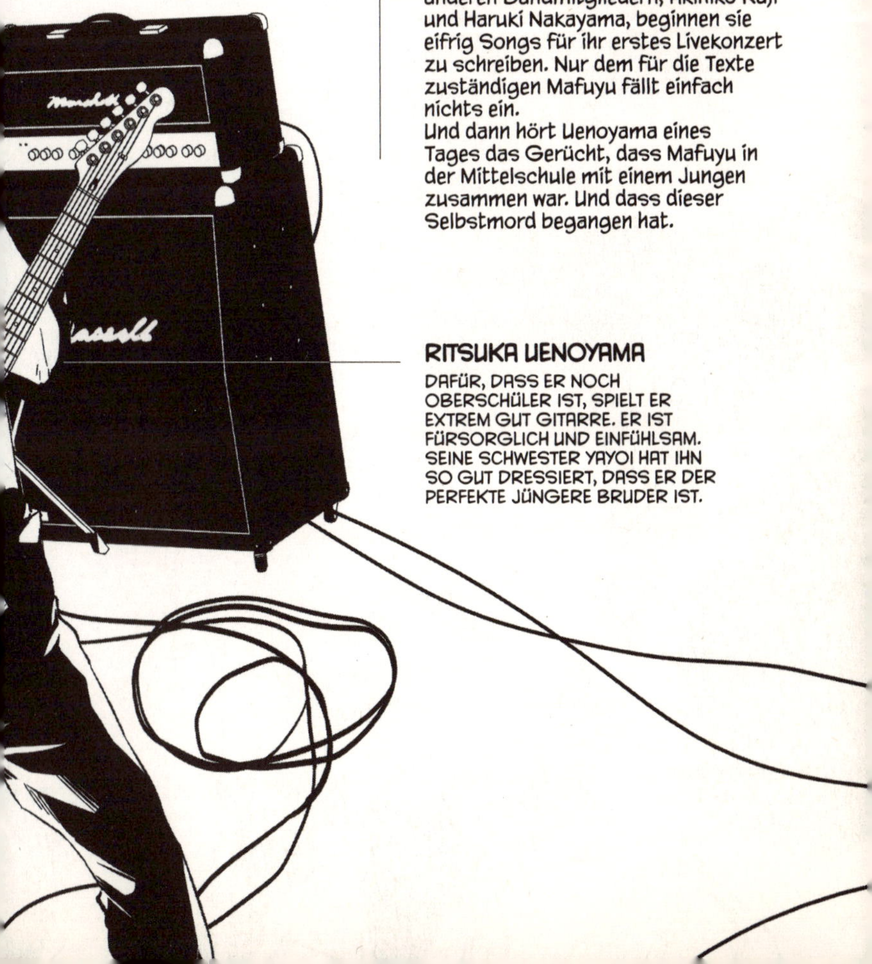

RITSUKA UENOYAMA

DAFÜR, DASS ER NOCH OBERSCHÜLER IST, SPIELT ER EXTREM GUT GITARRE. ER IST FÜRSORGLICH UND EINFÜHLSAM. SEINE SCHWESTER YAYOI HAT IHN SO GUT DRESSIERT, DASS ER DER PERFEKTE JÜNGERE BRUDER IST.

MAFUYU SATO

ER GEHT IN DIESELBE SCHULE WIE UENOYAMA UND HAT EINE BEEINDRUCKENDE SINGSTIMME. SEIT UENOYAMA SEINE GITARRE REPARIERT HAT, HÄNGT ER SEHR AN IHM.

HARUKI NAKAYAMA

STUDENT. ER IST DER BASSIST VON UENOYAMAS BAND UND EXTREM GUTMÜTIG.

AKIHIKO KAJI

STUDENT. ER IST DER DRUMMER VON UENOYAMAS BAND UND EIN ABSOLUTER WOMANIZER.

CONtENtS

Given
code.7
ICH DACHTE IMMER...
... DIE LIEBE WÄRE ETWAS...
... WEICHES ...
... SÜSSES ...
... ZÄRTLICHES.

DASS DAS...
... NICHTS WEITER ALS EINE SCHÖNE ILLUSION WAR...
... MERKTE ICH BEI MEINER ERSTEN LIEBE.
SICH IN JEMANDEN ZU VERLIEBEN IST SO BRUTAL, ALS WÜRDE EINEM JEMAND INS FLEISCH SCHNEIDEN.

Given

given | code.7

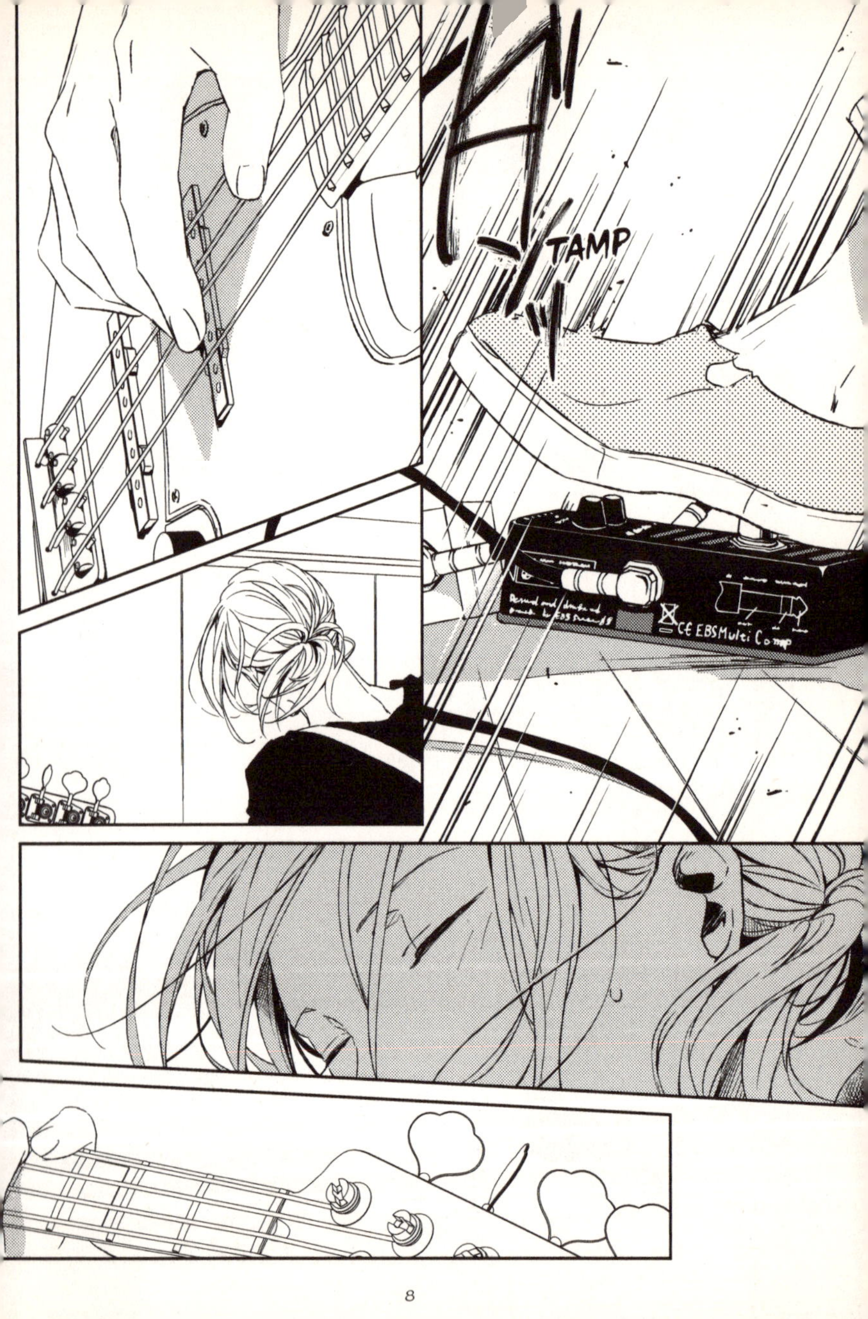
TAMP
CE EBSMulti Comp

WOW ...!
DER IST...
... VOLL DRAUF!
WIE FINDEST DU DAS?
EHRLICH GESAGT BESSER ALS VOR-HER.
NICHT WAHR?
UND DU, AKIHIKO ?!
YAAAY, HARUKI, YAAAY! ☆
PIK
UGH!
HARUKI IST GE-RADE IN HÖCHST-FORM.
HEY, DAS IST SEXUELLE BE-LÄSTIGUNG!! SEXUELLE BELÄSTI-GUNG!!
DAGE-GEN...

... SIND DIE BEIDEN GAR NICHT IN FORM.
MAFUYU HAT SEITDEM IMMER NOCH KEINE EINZIGE ZEILE TEXT GESCHRIEBEN.
UND SEIN GITARREN-SPIEL IST EBENSO LUSTLOS UND UNKON-ZENTRIERT.
WAS BEI IHM JA DURCHAUS ZU ERWAR-TEN WAR.
ABER UENO-YAMA?
WIESO BIST DU EIGENTLICH SO MIES DRAUF?

HEY, MA-FUYU!
SAG MAL... ÜBST DU EIGENTLICH AB UND ZU MAL?
NA, HEY...
WAS ZUR HÖLLE WAR DAS EBEN?
NA, NA...
SACHTE.
HAST DU ÜBERHAUPT NOCH BOCK?
JA, HABE ICH!
HÄÄÄ?
HEY ...
GANZ RUHIG!
GRAPP
DU MACHST NÄMLICH ÜBERHAUPT KEINE FORTSCHRITTE...
... UND IMMER WIEDER DIESELBEN FEHLER.
WENN DU KEINEN BOCK MEHR HAST, DANN...
DAS REICHT!
KLAMP
STOPP!

UE!
HÖR AUF, IHN SO HEFTIG ANZUFAHREN!!
HMPF
TREIB IHN NICHT SO IN DIE ENGE!!
AUSSERDEM BIST DU IN LETZTER ZEIT GENAUSO KOMISCH!
UWAH, ER HAT ES GESAGT!
...
OKAY, LASST UNS FÜR HEUTE SCHLUSS MACHEN!
PAMM
UUUPS!
SONST BRICHT DIE BAND NOCH MITTEN IN DER LUFT AUSEINANDER.

KALONK
HIER!
...
TRAAAN
...
ICH GEBE DIR EINEN AUS!!!
NIMM SCHON!
FOOOSH
VIELEN DANK.

GLUCK
GLUCK
プハー
PUHAAA
SAG MAL... DU WIRKST IN LETZTER ZEIT SO AB-GESPANNT.
WIESO BIST DU EIGENT-LICH SO GEREIZT?
DU BIST TOTAL UNKONZEN-TRIERT.
DA KANNST DU SCHLECHT ANDERE RUNTER-MACHEN.
...
SO LAUNISCH WIE IN LETZ-TER ZEIT KENNE ICH DICH GAR NICHT.
TJA...
DER REDET SICH NOCH NICHT MAL RAUS.
OKAY, DANN...
... FRAGE ICH MAL GANZ DIREKT.

HATTEST DU...
... WAS MIT MA-FUYU?
ODER SO WAS ...
... IN DER ART...
SUSH
...!
BLUUUSH

...
...
HÄ?!! SAG BLOSS, DU HAST IHN SCHON AUF-GERISSEN!?
HÄÄÄ ?!

ICH...
... DACHTE IMMER, DU WÄRST EIN SPÄTZÜNDER!
WOVON ZUR HÖLLE REDEST DU DA?!
WUSCH
ICH MEINE, WIE KOMMST DU DENN PLÖTZLICH DARAUF?!
AUFREISSEN? SPÄTZÜN-DER...?
BRÜLL
WIE ICH DARAUF KOMME?!!
HAST DU EIGENTLICH EINE AHNUNG, WAS FÜR EIN GESICHT DU GERADE MACHST?!!

WA...
WAS MACHE ICH DENN FÜR EIN GESICHT?!
EIN GESICHT, DAS SAGT: „ICH BIN IN MAFUYU VERKNALLT."
UE-SAMA... STEH AUF ...
UND REISS DICH ZUSAM-MEN...
...
SWOOP
...

I...
ICH...!
BIN ICH... ÄHM...
JA...?
!!!
BIN ICH ANORMAL ?!

ÜBERHAUPT NICHT.
WIESO ANORMAL?
WEIL DU EINEN MANN MAGST?
DENKST DU, ALS MANN SOLLTEST DU DICH ZU FRAUEN HINGEZOGEN FÜHLEN... ODER SO WAS IN DER ART?
...
KEINE SORGE! DAS DACHTE ICH AUCH MAL.

ICH HAB NÄMLICH AUCH SCHON ERFAHRUNGEN MIT MÄNNERN GEMACHT.
ZWIP
PRUST
...!!!
...
IST ALLERDINGS SCHON LÄNGER HER.
FWIP
ODER DENKST DU JETZT...
ニヤー
GRINS
... ICH WÄRE ANORMAL?

WIE AUCH IMMER...
MAFUYU IST UNSER SÄNGER GEWORDEN, WEIL ER DEINE ERWARTUNGEN ERFÜLLEN WILL.
ALSO IST ES DEINE VERANTWORTUNG, IHN DABEI ZU UNTERSTÜTZEN.
...!!
KAJI IST ECHT UNGLAUBLICH.
MIT WENIGEN WORTEN HAT ER ES GESCHAFFT, MICH WIEDER ZUR VERNUNFT ZU BRINGEN.
JETZT VERSTEHE ICH AUCH, WIESO MEINE SCHWESTER SO VERKNALLT IN IHN IST.

DU FÄHRST DOCH MIT MIR MIT, ODER?
JEPP.
KAJI SAGTE, DAS SEI SCHON LÄNGER HER.
HEISST DAS, SELBST BEI EINEM MANN WIE IHM...
... HAT ES LETZTLICH NICHT GE-KLAPPT?
ICH VERSTEHE DAS ALLES NICHT.
KANN ICH DIESE GEFÜHLE DENN EINFACH AKZEPTIEREN?

HEY, JEMAND MUSS NOCH DEN MÜLL RAUSBRINGEN.
ÜBERNIMM DU DAS.
WIESO ICH?
WIESO NICHT? WIR WECHSELN EH DIE KLASSE.
KOMM SCHON.
ICH KOMME MIT.
!
HÄ?
DAS IST VIEL ZU VIEL FÜR EINEN.

HA, HA, ICH HAB AUCH EINEN HUND ...
ECHT?
HIER, ODER?
JA.
FLUMP
OKAY, UND JETZT SCHNELL ZURÜ...
WIESO BIST DU SO NETT ZU MIR?
がしっ GRABB
UOH, DA TUT SICH WAS!!
HEY, HÖR AUF ZU SPAN-NEN.
?!!
じー
わぁ FLENN
ぼた DRIP
ぼた DRIP

DIE SACHE MIT SATO…
HAT SIE WAS GEMEINES ZU MIR GESAGT?!
NAIV
?!
WUPP
HÄ?!
HÄ?!
WO ICH DOCH SO WAS GEMEINES ZU DIR GESAGT HABE…!
WUPP
AAAH!
ICH FÜHLE MICH SO MIES, WEIL ICH DIR DAS GESTECKT HABE.
ICH DACHTE SCHON, JETZT WÜRDEST DU NIE WIEDER MIT MIR REDEN.
SCHNIEF
NA JA…
SCHON MÖGLICH, DASS DAS GEMEIN WAR, ABER…

ICH BIN AUCH FROH, DASS ICH ES WEISS.
GLAUBE ICH...
!!
WUPP
JEDEN-FALLS...
... SIND WIR DAMIT QUITT... SCHÄTZE ICH.
PATT

BOFF
HEY, MAFUYU. HAST DU DAS GERADE GESEHEN?!
GRAPP
JA...
UENOYAMA IST ECHT VERDAMMT BELIEBT, WAS?!
GRIP
UND DAS, OBWOHL ER ES NICHT MAL DARAUF ANLEGT...
JA...
JA...
WEIL UENO-YAMA ...
... ZU JEDEM ...
... AUF-RICHTIG NETT IST.

APROPOS ...
JA?
WIE ICH HÖRE, TRITTST DU DEMNÄCHST MIT IHNEN AUF!!
HEY!
ICH UND DER DA KOMMEN AUF JEDEN FALL ZUGUCKEN!
GRIEN
WEIL ICH UND DER DA ECHT AUF MUSIK STEHEN.
ALSO GIB ALLES!
JA...
UND KOMM DOCH IN DEN MITTAGSPAUSEN MAL BASKETBALL SPIELEN. WIR WÜRDEN UNS FREUEN.
JA.
STIMMT JA...
MEIN SPEZIALGEBIET IST ZWAR FUSSBALL, ABER BASKETBALL IST MEIN HOBBY.
BEI EINEM LIVEKONZERT KOMMEN NATÜRLICH AUCH LEUTE ZUGUCKEN.

WAS WILL ICH DIESEN LEUTEN DENN NUN MITTEILEN?
JANG
JANG

MAFUYU...
... IST ECHT GUT GE- WORDEN.
DER JUNGE...
... MACHT SOL- CHE ENTWICK- LUNGSSPRÜNGE, DASS ES EINEM REGELRECHT DIE SPRACHE VERSCHLÄGT.

HEY...
ZZZ ...
SEHT EUCH DAS AN!
ZZZ ...
ZZZ ...
ER SCHLÄFT WIE EIN BABY.
LASST UNS 'NE PAUSE MACHEN.
KOMMST DU MIT, EINE RAUCHEN, HARUKI?
KLAR KOMME ICH MIT.
PASS AUF IHN AUF.
OKAY.
WAS DENN?
BUGSIER
グイグイ

DER IST ECHT GUT DARIN...
... MIT DER GITARRE IM ARM ZU SCHLAFEN...
GENAU WIE DAMALS, ALS ICH IHM BEGEGNET BIN.
DA SCHLIEF ER AUCH SO EINGEROLLT, ALS WOLLTE ER SAGEN: „ICH BIN KLEIN UND SÜSS"...
KLEIN UND SÜSS!
ZWEI MONATE IST DAS JETZT SCHON HER.
Mars

UND DOCH IST ER KAUM BESSER ALS EIN AMATEUR...
PLUMPS
VRUSH
Marshall

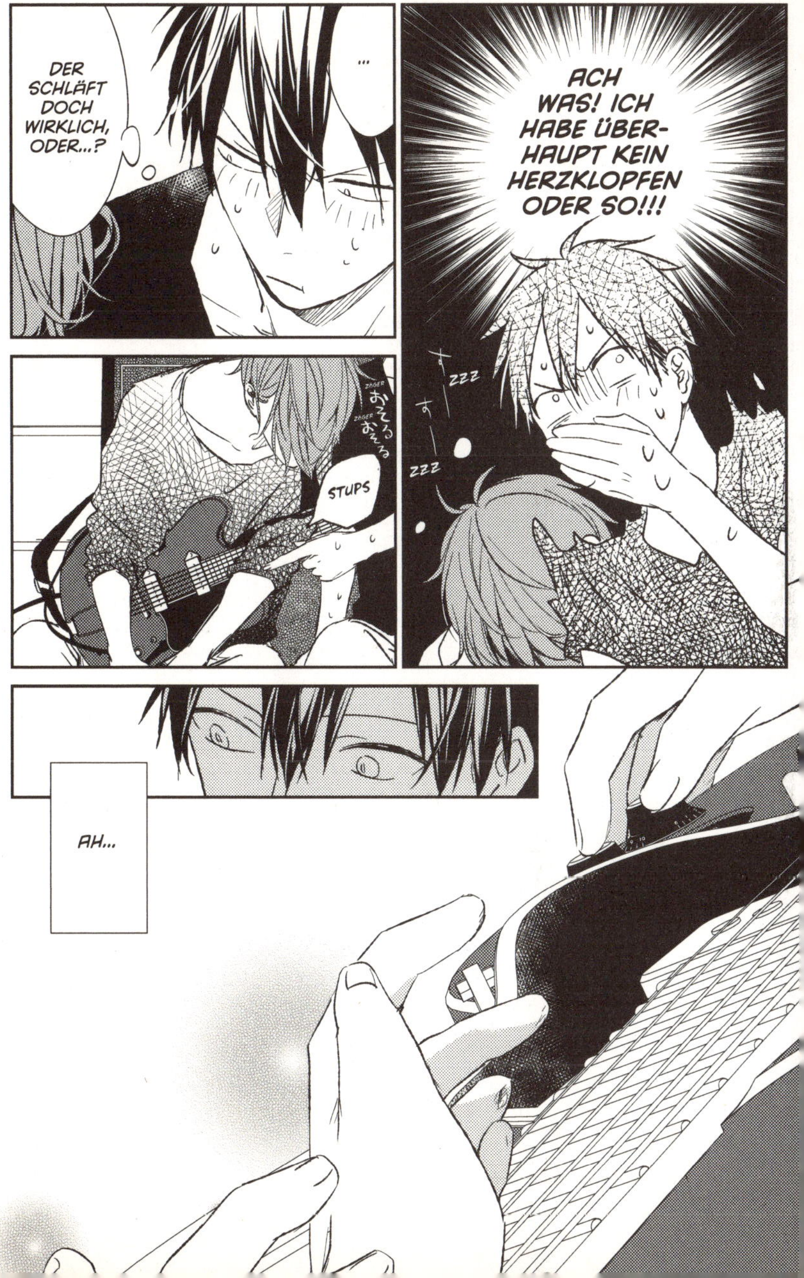
ACH WAS! ICH HABE ÜBER-HAUPT KEIN HERZKLOPFEN ODER SO!!!
ZZZ
ZZZ
DER SCHLÄFT DOCH WIRKLICH, ODER...?
...
ZÖGER
ZÖGER
STUPS
AH...

SEINE HAND...
DAS SIND FRISCHE, AUFGE- PLATZTE BLASEN.
UND SEINE FINGER- SPIT- ZEN...
... SIND GANZ HART UND MIT HORNHAUT ÜBERZOGEN.
GENAU WIE MEINE FINGER FRÜHER.
ÄHM...

UENOYAMA ...?
PRALL
DU...
DU BIST JA WACH ...!!
JETZT SCHON.
SORRY, DASS ICH NOCH KEINEN SONGTEXT ZUSTANDE GEBRACHT HABE.
WUPP
WUPP
A...
AHA...

IST JA NOCH ZEIT. ALSO...
... GIB DEIN BES-TES.
JA.
EHRLICH GESAGT MACHT MIR SEIN SONG-TEXT ECHT...
... ANGST.
ICH WILL IHN WEDER SEHEN NOCH HÖREN.

WENN MAFUYU IN IRGENDEI-NEN ANDEREN VERLIEBT IST, WILL ICH SEINEN SONG NICHT HÖREN.
AH, MA-FUYU IST OFFENBAR AUFGE-WACHT.
GEHEN WIR WIEDER REIN?
AKIHIKO?
ZERR
ZERR
HÄ, WAS?
FHHH
WAS IST DENN...?
LASS UNS NOCH EINE RAUCHEN.
SICH IN JEMAN-DEN...

... VERLIEBEN KANN MAN NUR...
... INDEM MAN...
... SICH DEMJENIGEN VON SEINER DÜNNHÄUTIGSTEN, EMPFINDLICHSTEN SEITE ZEIGT.
ICH HAB KEINE ZIGARETTEN MEHR.
DANN LÖST SCHON DIE WINZIGSTE BERÜHRUNG HITZEWELLEN AUS.
DAS KLEINSTE AUSFAHREN DER KRALLEN...
... REISST EINEM DIE HAUT AUF.
UND EIN ABSICHTLICHER, FESTER DRUCK MIT DER HAND KANN TÖDLICH SEIN.

UENO-YAMAS LIEBE ...
... IST WIE EINE BOMBE, DIE DAS PO-TENZIAL HAT, DIE GANZE BAND ZU SPRENGEN.

Shogo Itaya (17)

1,76 m, 11. Klasse

Geboren am: 20.5., Sternzeichen: Stier,
Blutgruppe: 0

Fußball-AG, Stürmer

Er liebt alle Ballsportarten
(Fußball, Basketball, Baseball,
Volleyball, Tennis, Handball etc.)

Musikfreak

ITAYAS SPEZIALGEBIET

* DIE REGION UM TOKIO.

given

Natsuki Kizu
präsentiert

given | code.8

OKAY, ALLE MAL HERHÖ-REN!
ICH HABE EINEN VOR-SCHLAG ZU MACHEN.
HÖRT ZU.
WIR HABEN NOCH EINE WOCHE BIS ZUM KON-ZERT.
?
?
SHOCK
ギョッ
ALSO LASST UNS MIT DEN PRO-BEN AUFHÖ-REN!
PRUST
KOFF

BEIM ZUHÖREN EBEN DACHTE ICH, DASS DER SOUND EIGENTLICH OKAY IST.
DAS REICHT.
WA... WAS REDEST DU DENN DA...?!
EINER VON ZWEI UNSICHERHEITSFAKTOREN, NÄMLICH MAFUYUS GITARRENSPIEL, HAT DIE MINDESTANFORDERUNG JETZT ERREICHT.
SUPER!
MINDESTANFORDERUNG
BEDEUTET DIE LINIE NICHT: „GERADE SO GESCHAFFT BZW. FAST IM AUS"?
DAS IST WIE EIN MIESER SCHLAG, DER LANGSAM FLIEGT UND FAST ÜBER DIE LINIE ROLLT.
BILD AUS DEM BASEBALL
EIN FALSCHER SCHRITT UND DER BALL IST IM AUS.
ICH KRIEGE IHN!
ROLL
ROLL
... DIE TATSACHE, DASS WIR NOCH KEINEN SONGTEXT HABEN, IST DAS GRÖSSERE PROBLEM.
HM... ABER...
... ICH FINDE AUCH ...

HÖR ZU, MA-FUYU!
ICH GLAUBE NICHT, DASS DU EINEN TEXT ZU-STANDE KRIEGST, WENN WIR IMMER NUR IM STUDIO VOR UNS HIN PROBEN.
MAFUYU!
JA...
HEY... SETZ IHN NICHT SO UNTER DRUCK... WAS SOLL DAS...?
SHOCK
GRINS
IST MO-TORRAD-FAHREN OKAY FÜR DICH?
HARUKI!
ICH BRINGE MAFUYU NACH HAUSE UND ÜBERLASSE UENOYAMA DIR.
HM... OKAY.

HIER.
SETZ DEN AUF.
...
UND NIMM DIE.
!
ES IST ZIEMLICH KALT. ALSO ZIEH SIE ÜBER.
VIELEN DANK.
WEISST DU...
RASSEL

SOLANGE DU NICHT MIT DEINER VERGANGENHEIT ABSCHLIESST, KANNST DU WAHRSCHEINLICH AUCH KEINEN SONGTEXT SCHREIBEN.
WILLST DU ANDEREN NUN WAS MITTEILEN? ODER DRÜCKST DU DICH DAVOR, ES IN WORTE ZU FASSEN?

* LAUT EINEM JAPANISCHEN SPRICHWORT BEDEUTET ES NICHTS GUTES, WENN ABENDS DAS LINKE OHR JUCKT.

* EINFACHES WÜRFELBRETTSPIEL INDISCHEN URSPRUNGS, JAP. SUGOROKU.

ZIEL
... OFFENBAR ERNSTHAFT VOR, ALLES ZU RISKIEREN, UM DAS ZIEL ZU ERREICHEN.
„MACH IHM FEUER UNTERM ARSCH.“
MEIN OHR JUCKT WIE SAU!
UND DANN NENNT ER MICH AUCH NOCH PLÖTZLICH „HARU“!!!
HARUKI, ES IST GRÜN.
IN DIESEM ZUSTAND BAUE ICH NOCH EINEN UNFALL...
UND DANN STERBE ICH...
HUUUP
ES IST GRÜN.
VROOM
HÖR MAL, UECCHI...
JA?
DASS AKIHIKO DIE PROBEN ABGESAGT HAT...
... LIEGT WAHRSCHEINLICH AN DIR.

HÄ?
DU BIST EIN GUTER GITARRIST. DESHALB FÄLLT ES NICHT SO AUF, ABER DU HAST SCHON BESSER GESPIELT.
DAS HAT SICHER AUCH DAMIT ZU TUN, DASS DU WEGEN MAFUYU BEFANGEN BIST.
HAAAH...
ABER VOR ALLEM DENKST DU MOMENTAN NUR, ES WÜRDE REICHEN, WENN DU SO SPIELST WIE IMMER, ODER?
...
DENKT... DAS NICHT JEDER? IST DOCH NORMAL, DASS MAN VERSUCHT, SO ZU SPIELEN WIE IMMER ...
DAS IST DOCH OKAY, ODER NICHT?
JETZT WERDE ICH AUCH SCHON MANIPULIERT.
DAS IST NICHT OKAY.
ZUMINDEST NICHT FÜR AKIHIKO.
DAS IST DER PUNKT.

KANN SEIN, DASS DU ES NICHT MERKST, WEIL DU NUR DARAUF HÖRST, WAS MAFUYU SPIELT, ABER ...
... IM MOMENT WIRST DU...
... VON MAFUYUS SOUND GERADEZU AUFGEFRESSEN.
HAAAH, ICH HAB DAS GEFÜHL...
ZIEL
LUSTIGES LEITERSPIEL
DAS SPIEL IST AUS!
2 FELDER ZURÜCK
1 FELD ZURÜCK
EINMAL AUSSETZEN
EINMAL AUSSETZEN
... WIR HABEN UNS NUR NOCH WEITER VOM ZIEL ENTFERNT.

WAS MACHST DU NUR MIT UNS, AKIHIKO?!
VERDAMMT! UND ICH HABE MICH AUCH NOCH AUF DEIN GLÜCKSSPIEL EINGELASSEN.

NOCH SIEBEN TAGE BIS ZUM KONZERT.
...
KLIMP
GÄHN

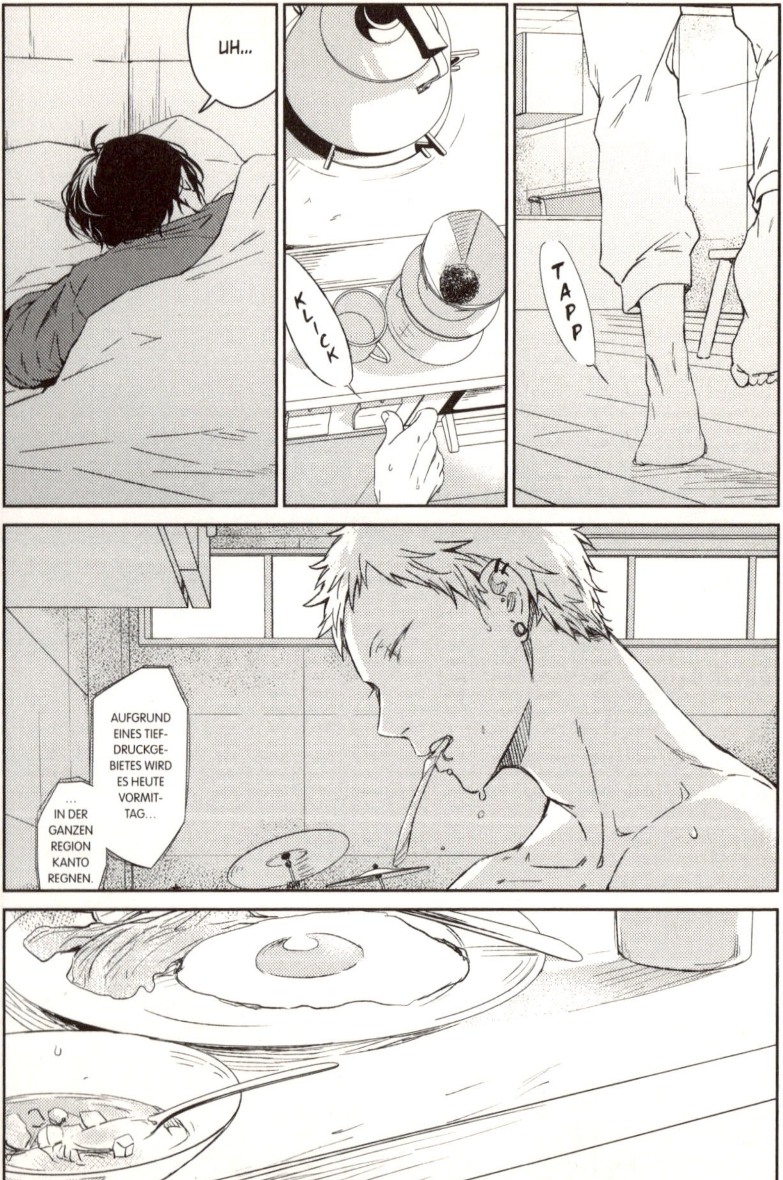
UH...
KLICK
TAPP
AUFGRUND EINES TIEF-DRUCKGE-BIETES WIRD ES HEUTE VORMIT-TAG…
… IN DER GANZEN REGION KANTO REGNEN.

BOFF
KRIEGE ICH AUCH EINEN BISSEN?
...
AAA ...
HAPP
HAAAH... WENN ES NUR NICHT SO VER-DAMMT FEUCHT WÄRE!
SO IST DAS NUN MAL IM SOUTER-RAIN.
WIDER-LICH.

KANN ICH HEUTE VORMITTAG EIN BISSCHEN TROMMELN?
HÄ?
WARUM DENN?
AH!
EUER KONZERT?
WAS DENN? BIST DU JETZT DOCH WIEDER MOTIVIERT?
...
STARR
WAS IST?
KOMMST DU?
IST ES DENN GUT GENUG, DASS DU ES MIR ZEIGEN KANNST?
...
TJA, WENN DU DA ÜBERLEGEN MUSST, IST ES NICHT GUT GENUG... ALSO KOMME ICH NICHT.

ICH KANN ZWAR NICHT AUSSCHLIESSEN, DASS ES EIN TOTALES FIASKO WIRD ...
AUCH WENN WIR ZIEMLICH GEPRAHLT HABEN.
... ABER TROTZDEM.
UGETSU!
BITTE KOMM!
WENN DIE, DIE AUFTRETEN, KEIN VERTRAUEN IN DEN AUFTRITT HABEN, LOHNT ES SICH AUCH NICHT, IHN ANZUSEHEN.
ICH HABE VERTRAUEN.
DAS IST QUASI DAS EINZIGE, WAS ICH HABE.
OHO, WENIGSTENS ZEIGST DU ENDLICH ETWAS EHRGEIZ.
NA, VIELEN DANK.

HA, HA. PROBST DU DANN HEUTE NACHMITTAG MIT MIR DAS VIOLINENDUO?
MACH DAS DOCH MIT DEINEM NEUEN VIOLAFREUND.
NÖ. ICH MAG DOCH NUR SEIN GESICHT.
ACH JA?
JA.

NAAA
„WILLST DU ANDEREN NUN WAS MITTEILEN? ODER DRÜCKST DU DICH DAVOR, ES IN WORTE ZU FASSEN?“
VVVM
FLASH
9:20
SONNTAG 28. JUNI
HIIRAGI
SIEH MAL AUS DEM FENSTER!
ZUM ANTWORTEN STREICHEN
ZUM ENTSPERREN
KONK
...
TRAN

KNARN
ザァァァ
ZAAA

VVVM
VVVM
VVVM
HALLO?
HEY, MAFUYU.
LASS UNS WAS ZUSAMMEN MACHEN!

Ugetsu Murata (21)

(Kommilitone von Akihiko)

1,75 m

Geboren am: 6.6., Sternzeichen: Zwillinge, Blutgruppe: 0

Violinist

Er ist zwar Akihikos Mitbewohner,
aber immer mal wieder außer Landes.

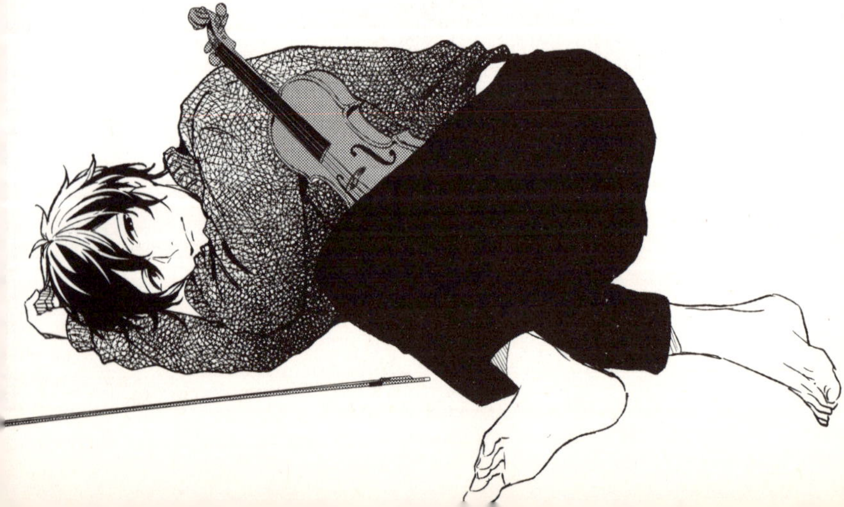

DAS VERGNÜGLICHE LEBEN MIT DEM MITBEWOHNER

g i v e n

Natsuki Kizu
präsentiert

VVVM
VVVM
VVVM
VVVM
HALLO?
HEY, MAFUYU.
LASS UNS WAS ZUSAMMEN MACHEN!

WIESO SUCHST DU AUF EINMAL DEN KONTAKT ZU MIR?
DU HAST DICH DOCH BISHER IMMER AUS ALLEM RAUS-GEHALTEN.
STIMMT.
ICH HABE ÜBERHAUPT NICHTS GETAN.
HIIRAGI KASHIMA MISCHT SICH NICHT EIN.
WEIL ER GLAUBT, DASS DAS WENIG SINN HAT.

SELBST ALS SEINE KINDHEITSFREUNDE EIN PAAR WURDEN...
... WÜSSTE ER ALLES ...
... ABER HAT NICHTS GESAGT.
UND DAS...
... BEREUE ICH JETZT.
HÖR ZU...
ICH VERSTEHE JA, WIE DU DICH FÜHLST, ABER ...
HÄ?! DU VERSTEHST ÜBERHAUPT NICHT, WIE ICH MICH FÜHLE!

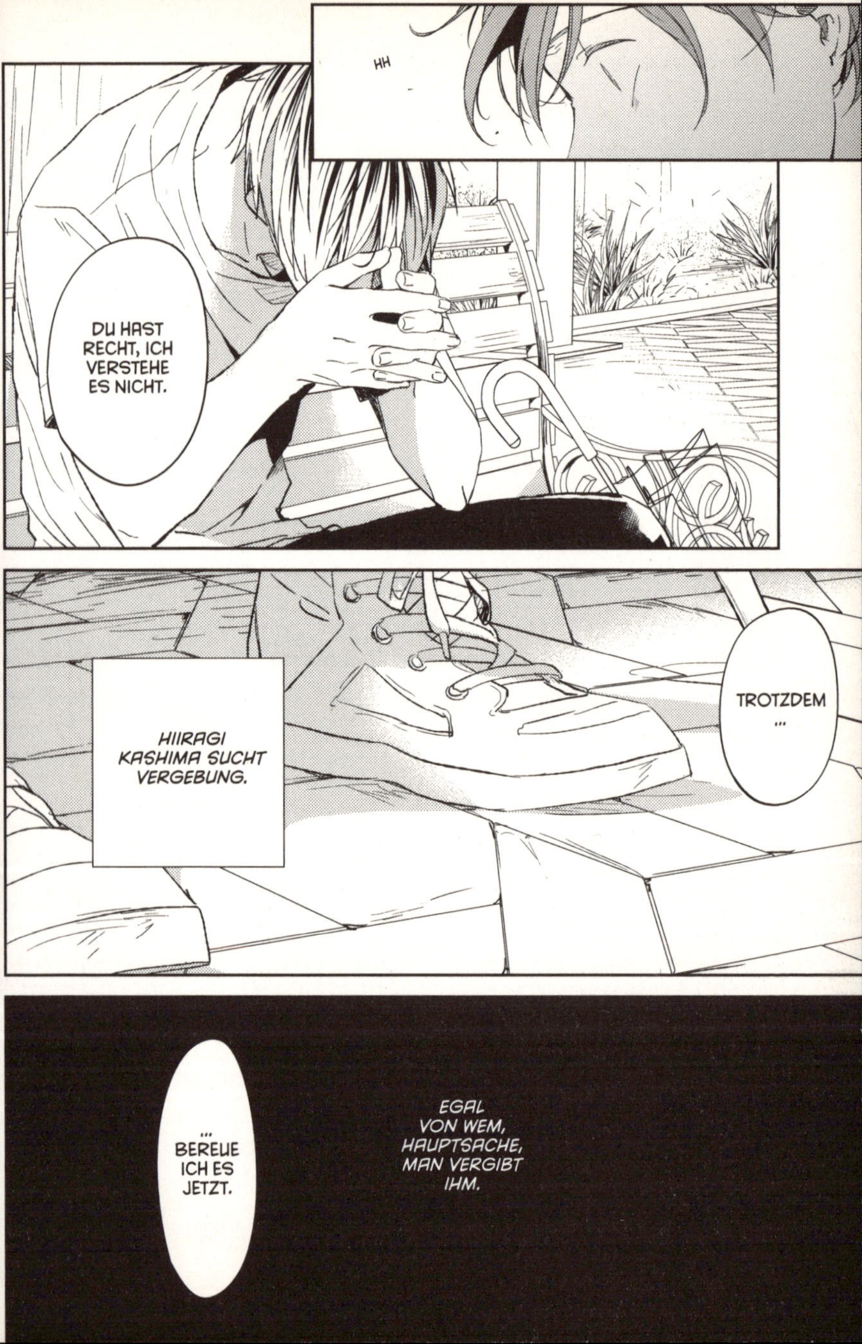
HH
DU HAST RECHT, ICH VERSTEHE ES NICHT.
TROTZDEM ...
HIIRAGI KASHIMA SUCHT VERGEBUNG.
EGAL VON WEM, HAUPTSACHE, MAN VERGIBT IHM.
... BEREUE ICH ES JETZT.

code.9

given

ICH, MAFUYU SATO UND YUKI YOSHIDA...
... WAREN VON KLEIN AUF ENG BEFREUNDET.
BESONDERS YUKI UND MAFUYU...
... BEIDES SCHLÜSSELKINDER AUS FAMILIEN OHNE VATER...
BIS SHIZUSUMI IN UNSERE GEGEND ZOG UND AUCH NOCH ZU UNS STIESS...
ALLES, WORAN ICH MICH ERINNERN KANN...
... PAS-SIERTE IN UNSERER KLEINEN WELT.

... WAREN VON ANFANG AN WIE ZWEI UNVOLLSTÄNDIGE HÄLFTEN...
... DIE EINANDER DAS ERSETZTEN, WAS DEM ANDEREN FEHLTE.
YUKI KONNTE NICHT OHNE MAFUYU SEIN...
... UND MAFUYU KONNTE NICHT OHNE YUKI SEIN.
UND SO WIRKTEN SIE IMMER, ALS WÄREN SIE FÜREINANDER GESCHAFFEN.
DER AUFFÄLLIGE, DOMINANTE, LAUNISCHE YUKI...
... UND DER ZURÜCKHALTENDE, INTROVERTIERTE, SCHWEIGSAME MAFUYU...
... WAREN SO GEGENSÄTZLICH, DASS IHRE UMWELT SICH WUNDERTE, WIESO DIE BEIDEN SICH SO GUT VERSTANDEN.

SIE WAREN WIE...
... UNGLEICHNAMIGE MAGNETPOLE, DIE SICH GEGENSEITIG ANZIEHEN.
SIE LEBTEN IHRE EIGENE GÖTTLICHE FÜGUNG...
... UND INNERHALB DIESER SCHIEN IHRE WELT VOLL-KOMMEN.

ALS WI
OBERSC
LER WURD
KAMEN W
AUF VE
SCHIEDE
SCHULEN
... UND YUKI, SHIZUSUMI UND ICH BEGANNEN, MUSIK ZU MACHEN.
DAS WAR DER MOMENT, IN DEM DIE ERSTEN KLEINEN SPANNUNGEN AUFTRATEN.
... LEGTE SICH EINEN JOB ZU, UM SICH EINE GITARRE KAUFEN ZU KÖNNEN...
... UND ZOG SICH DIE RESTLICHE ZEIT MIT UNS INS STUDIO ZURÜCK.
YUKI...

DESHALB HATTEN MAFUYU UND YUKI IHREN ERSTEN KLEI-NEN STREIT.
EINEN HARMLOSEN STREIT...
... BEI DEM EIN WORT...
... DAS ANDERE GAB.

EINEN GANZ NORMALEN ...
... KINDISCHEN STREIT...
... WIE IHN JEDER KENNT.
UND ICH HABE ALLES MITBEKOMMEN.
ICH WUSSTE ALLES, BIS DIE BEIDEN ZWEI TAGE SPÄTER EINFACH VERSCHWANDEN.

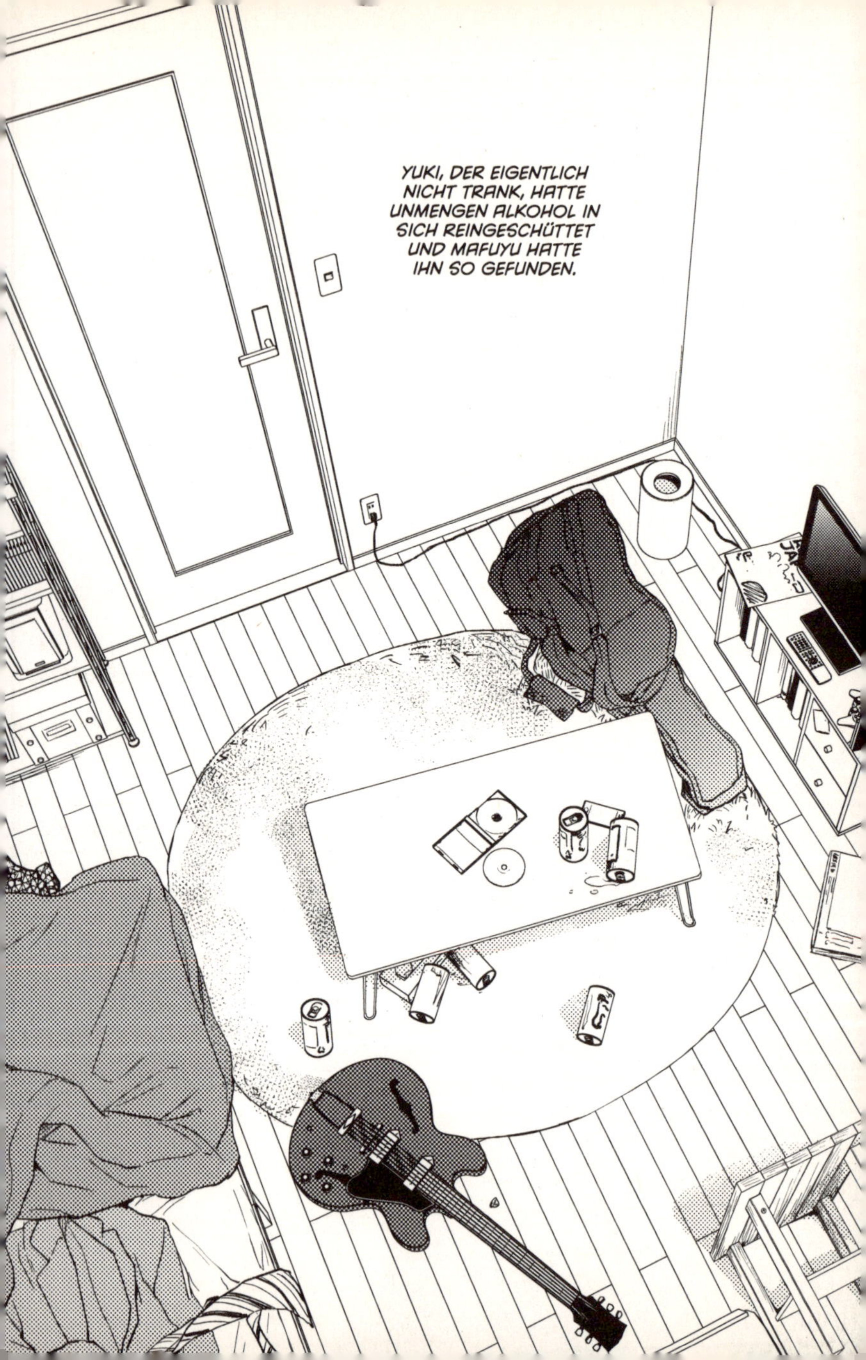
YUKI, DER EIGENTLICH NICHT TRANK, HATTE UNMENGEN ALKOHOL IN SICH REINGESCHÜTTET UND MAFUYU HATTE IHN SO GEFUNDEN.

ZAAA
...
PLUMPS
ICH HABE SONNTAG... EIN LIVE-KONZERT.

...
NÄCHSTE WOCHE?
KANN ICH ZUGUCKEN KOMMEN?
JA…
SHIZU AUCH?
JA, SAG SHIZU AUCH BESCHEID.

ICH HABE MEINE WUT AN DIR AUS-GELASSEN.
STIMMT.
VORHIN ...
... HABE ICH GE-SAGT, DU WÜSSTEST NICHT, WIE ICH MICH FÜHLE.
ABER IN WAHRHEIT WEISS ICH ES SELBST AM ALLERWE-NIGSTEN.
ICH BIN VOR MEINEN GEFÜHLEN DAVONGE-LAUFEN, WEIL ICH MICH IHNEN NICHT STELLEN WOLLTE.
ベシッ!
FAZZ
AUTSCH.
GRINS
IDIOT!
ICH MUSS LANGSAM GEHEN.

SCHICK MIR WENIGSTENS AB UND ZU MAL 'NE SMS, IDIOT.
OKAY.
PLAFF
DANKE.

HIIRAGI KASHIMA SUCHT VERGEBUNG.
EGAL VON WEM, HAUPT-SACHE, MAN VERGIBT IHM.
ABER VOR ALLEM WILL ER, DASS MAFUYU IHM VERZEIHT.

SUGAR

OKAAAY, AM BESTEN STELLEN WIR UNS ERST MAL GEGEN-SEITIG VOR!
SHINSHO BUX
OPEN 18:00~
START 18:30~
ACT
ALSO, WIE IHR SEHT, HABEN WIR HEUTE AUCH JÜNGERE LEUTE HIER...
... DESHALB BITTE ICH DIE ERWACH-SENEN, SIE NACH BESTEN KRÄFTEN ZU UNTER-STÜTZEN.
OKAAAY!
PAMM

AUF GUTE ZUSAMMENARBEIT!
JEPP!
DER TAG DES KONZERTS
CLAP CLAP
VIEL GLÜCK!
DANKE.
STELLT EURE SACHEN HIER AB.
...
ZUCK
HAAAH ...
OKAY, WIR MACHEN JETZT AUF!
SCHWATZ
SCHWATZ
VIELEN DANK.
TRAPPEL
LETZTENDLICH...
... HAT MAFUYU NICHT MAL WÄHREND DER PROBEN GESUNGEN.
PLAPPER
ICH HÄTTE GERN GETRÄNKEBONS.
PLAPPER
HEY!
LANGE NICHT GESEHEN.

AKIHIKO ...!!
DA IST SIE!!
TUSCHEL
MEINST DU, RITSUKA IST OKAY?
...
AKIHIKO.
AH!
DU BIST ALSO ECHT GEKOMMEN.
JEPP, ABER VIEL ERWARTE ICH NICHT.
SCHNAUZE, DU GENIE!
HA, HA!

PLAPPER
EINE BLOODY MARY.
OKAY.
PLAPPER
HAAARU ...
... KI!
PAAAMM
UGHA!
SAG MAL...
WUSCH
MEINST DU, IHR KRIEGT DAS HIN?

ざわ
PLAPPER
TAKE-CHAN!
JAHA!
ÄHM...
KÖNNTEST DU UNS ZUR NOT MIT EIN, ZWEI SONGS ETWAS ZEIT VERSCHAFFEN, BEVOR WIR ANFANGEN?
TUSCHEL
SO SCHLIMM ALSO...
NA JA...
DU HAST DIE PROBE JA GESEHEN ...
OH MANN, DAS IST ÜBEL!
ALSO KEIN GESANG, ODER?
GANZ GENAU.
OKAY.
PATT
DA ICH EUCH ZU DEM PROJEKT DAZU-GEHOLT HABE...
!
... HALTE ICH EUCH IM NOTFALL AUCH DEN RÜCKEN FREI.

ざわ
PLAPPER
NA, WAS SOLL'S?!
HA HA
DANN SPIELEN WIR EBEN DIESMAL OHNE GESANG.
ざわ
PLAPPER
IRGENDWIE ...
... FÜHLE ICH MICH SOGAR ERLEICHTERT.
WIE BIN ICH DENN DRAUF? DAS IST JA WOHL DAS LETZTE!
WIR SIND JA URSPRÜNGLICH EH EINE INSTRUMENTALBAND.

LINS
PLAPPER
ICH HAB NIX MEHR DAGEGEN.
PLAPPER
WIESO NÄCHSTES MAL?
DANN SINGST DU EBEN NÄCHSTES MAL.
NÄCHSTES MAL?
WEIL WIR DE FACTO KEINEN TEXT HABEN. ALSO BLEIBT UNS JA WOHL NICHTS ANDERES ÜBRIG.
DAS IST DAS ERSTE MAL, DASS DU SO WAS WIE EINEN KOMPROMISS VORSCHLÄGST ...
... UENOYAMA.
PAZINK
HÄÄÄ?
SONST SAGST DU IMMER:
„TU ES!“ ODER „DU KANNST DAS“...
WWTT
... ODER SO.

SIEH ENDLICH DER REALITÄT INS AUGE! WIR HABEN KEINEN TEXT!
...!!
WUTT
ZING

Hiiragi Kashima (17)

1,75 m

Geboren am: 8.5., Sternzeichen: Stier, Blutgruppe: A

Er spielt Bass.

Seine Haare sind gefärbt.
Er geht auf dieselbe Oberschule wie Yuki und Shizusumi.

SEIT IHRER KINDHEIT

given

Natsuki Kizu
präsentiert

code.10

given

HH!
PLAPPER
GRIP
AH...

PING
DIE SAITE ...
OH NEIN!
DAS WAR'S...
BUMB
... DANN WOHL...
WAH!
BUMB
WAS IST DENN? WAS IST PAS-SIERT?
AH!
WUPP
IST DIR EINE SAITE GERIS-SEN?
HAST DU ERSATZ DABEI? NEIN?!
...
UENO-YAMA!

LAUF ZUM BAHNHOF, SO SCHNELL DU KANNST, UND KAUF EINE!
NOTAUSGANG
WAS IST DENN? DU MACHST JA EIN GESICHT, ALS GINGE DIE WELT UNTER!
HH
...!
WENN EINE SAITE REISST, ZIEHT MAN EBEN EINE NEUE AUF!
DAS HAST DU DOCH...
... GANZ AM ANFANG AUCH GE-MACHT.

DU HAST IHM SEINE GITARRE REPARIERT, ODER NICHT?
BUBUMB
„DAS...“
„... KANN MAN REPARIEREN?!“
...!
BUMB
„KLAR KANN MAN DAS!!“
BUMB

I...
ICH BIN GLEICH ZURÜCK!!
AKI-HIKO!
PLAPPER
DASH
IST ALLES OKAY?
ÄHM...
SORRY.
ICH KANN JETZT NICHT.
TUT MIR LEID.
PASS GUT AUF...
... RITSUKA AUF.

WATANABE
SIKINSTRUME
HA ...
VIELEN DANK.
ONLY
BOFF
NA, HEY.
HA ...
ICH IDIOT!
HA ...
ICH HAB IHM DOCH GESAGT, ER SOLL SINGEN.

ER IST ZWAR...
... SCHWER ZU DURCH-SCHAUEN, ABER...
... ER HAT IMMER SEIN BES-TES GEGEBEN, UM MEINEN ERWAR-TUNGEN GERECHT ZU WERDEN.
„ER KANN SCHON ALLEIN NEUE SAITEN AUFZIE-HEN."
„DOCH, ICH BIN ZUR MU-SIK-AG GEGAN-GEN."

ICH BIN ECHT...
WAMM
ICH HAB SIE!
?!
DAS GING ABER SCHNELL! GUT, DASS DU SO JUNG BIST.
ICH HAB DIE BAND VOR UNS GEBETEN, IHREN GIG UM ZWEI, DREI SONGS ZU VERLÄNGERN.
ALLERDINGS WIRD UNSER AUFTRITT DADURCH ENTSPRECHEND KÜRZER.
...!
HA! HA!

ALSO LASS DIR ZEIT UND VERSCHNAUF ERST MAL.
DA...
DANKE ...
UND SIEH ZU, DASS DU BIS ZU UNSEREM AUFTRITT WIEDER EINEN KÜHLEN KOPF HAST.
DEN BRAUCHST DU NÄMLICH.
OKAY.
ICH BRINGE INZWISCHEN DIE GEÄNDERTE SETLISTE ZU FUJIMOTO AN DER PA-ANLAGE.
KRONK
WARTE, ICH KOMME MIT.

MA-FUYU.
LÄSST DU MICH DIE SAITE NEU AUFZIEHEN?
HARUKI!
WAS IST?
HEY!
HA-RUKI!!
!
SIEH MICH AN!
GRAPP

HÄ, WAS IST DENN?
WEISST DU...
DU SELBST MERKST ES VIELLEICHT GAR NICHT ...
... ABER DU BIST STÄNDIG DER STRAHLENDE RETTER IN DER NOT.
WUPP
HÄ? REDEST DU VON DER BAND?
DAS WAR DOCH NICHTS WE...
ICH REDE VON MIR.

HÄ...?
DANKE, DASS DU MICH ...
... DAMALS...
... ALS ICH AM ENDE WAR...
GRINS
... IN DIE BAND GEHOLT HAST.
MO... MOMENT MAL! BIST DU HIER, UM MIR ZU SAGEN, DASS DU BALD STIRBST?
SHOCK
SCHON MÖGLICH, DASS ICH STERBE.
DAS IST NICHT LUSTIG!!!
BOBOM
DANG
DANG
WEISST DU, HARUKI ...
DU KÖNNTEST RUHIG EIN BISSCHEN EINGEBILDETER SEIN.

ICH FINDE, DAS HERZ IST WIE EINE SAITE.
KNIP
KNIP
WAAAH
WENN MAN SCHWERE ZEITEN DURCHMACHT UND LEIDET WIE EIN HUND...
... SCHMERZT ES, ALS WÄRE EIN FADEN IN DER BRUSTGEGEND KURZ DAVOR ZU ZERREISSEN.
WIE EINE BIS ZUM ÄUSSERSTEN GESPANNTE SAITE, DIE GEZUPFT WIRD.
KNIP
AB UND ZU REISST DIE SAITE...
... UND MAN HAT DAS GEFÜHL, DAS WÄRE NIE WIEDER ZU REPARIEREN.
ABER...
... WENN EINEM JEMAND, WIE JETZT, EINE NEUE SAITE AUFZIEHT...

... KÖNNEN DIE WUNDEN JA VIELLEICHT DOCH EIN KLEIN WENIG...
... HEILEN.
SCHRAUB
MA-FUYU...
ICH...
DADUMM
... MAG DEINEN SOUND.
ICH WOLLTE DICH PUSHEN, ABER IRGENDWANN HABE ICH GEMERKT...
... DASS ICH VON DIR GEZOGEN WURDE.
SEIT DU DA BIST...

... BOCKT UND STOCKT UND VERZERRT SICH MEIN SOUND... UND KLINGT VÖLLIG CHAOTISCH.
ABER VERGLICHEN MIT VORHER, ALS ICH DIE FESTGELEGTEN AKKORDE NUR GLEICHGÜLTIG RUNTERGESPIELT HABE ...
... MACHT ES JETZT VIEL MEHR SPASS.
WUSCH
HACH, VERDAMMT!
WIE'S SCHEINT... BIN ICH AUCH ZIEMLICH MIES DARIN, MEINE GEFÜHLE IN WORTE ZU FASSEN ...
... UND MITZUTEILEN.

WAAAH
VIELEN DANK! UND SORRY, DASS WIR DIE UNTER EUCH...
... DIE AUF DIE NÄCHSTE BAND WARTEN, SO LANGE AUF DIE FOLTER GESPANNT HABEN!
WIR VERZIEHEN UNS JETZT. ALSO VERGEBT UNS!
PFEIF
CLAP
CLAP
IHR WART SUPER.
ERSATZMANN
WAH HA HA
ICH BIN JA ZUM ERSTEN MAL HIER, ABER ES IST GANZ SCHÖN VOLL, ODER?
JA, ES SIND ECHT VIELE LEUTE GEKOMMEN.
UENOYAMA SIEHT VIELLEICHT NICHT SO AUS, ABER ER IST ZIEMLICH BERÜHMT IN DEN MUSIKKNEIPEN DER GEGEND.
ICH MEINE, DIE ANDEREN BEIDEN SIND AUCH SUPER, ABER...

... DA ER JETZT EIGENE SONGS SCHREIBT, MIT DENEN DIE BAND AUFTRETEN KANN...
... HAT ER DIESEN STUDENTEN EINIGES VORAUS, ZUMAL ER AUCH ECHT GEIL GITARRE SPIELT.
AHA.
IHR SELBST PRODUZIERTES ALBUM WAR IM NU AUSVERKAUFT.
UND DA UENOYAMA IHN IN DIE BAND GEHOLT HAT, SETZE ICH AUCH GROSSE ERWARTUNGEN IN SATO.
WE ARE GETTING
AH!
SIE HABEN DAS MIKRO HIERGELASSEN.
ぞろ SHUFF
ぞろ SHUFF
UFFA!
SOLLEN WIR ES STEHEN LASSEN? ES STÖRT JA NICHT WEITER.
AUCH WENN DU NICHT SINGST, RICHTIG?
ODER WILLST DU DIE LA-LA-NUMMER MACHEN?
...

MAFUYU.
!
STARR
HEY, STARR KEINE LÖCHER IN DIE LUFT.
WO SIEHST DU DENN HIN?!
HAST DU DICH WIEDER EINGEKRIEGT, UECCHI?
JA, ALS ICH DIE SAITEN KAUFEN WAR, IST MIR, GLAUBE ICH...
... EINIGES KLAR GEWORDEN.
KOTONK
TATAMM
TAMM
JANG
JETZT BRINGT ES EH NICHTS MEHR, AUFZUZÄHLEN, WAS WIR ALLES NICHT KÖNNEN.
DEEENG
DODOB

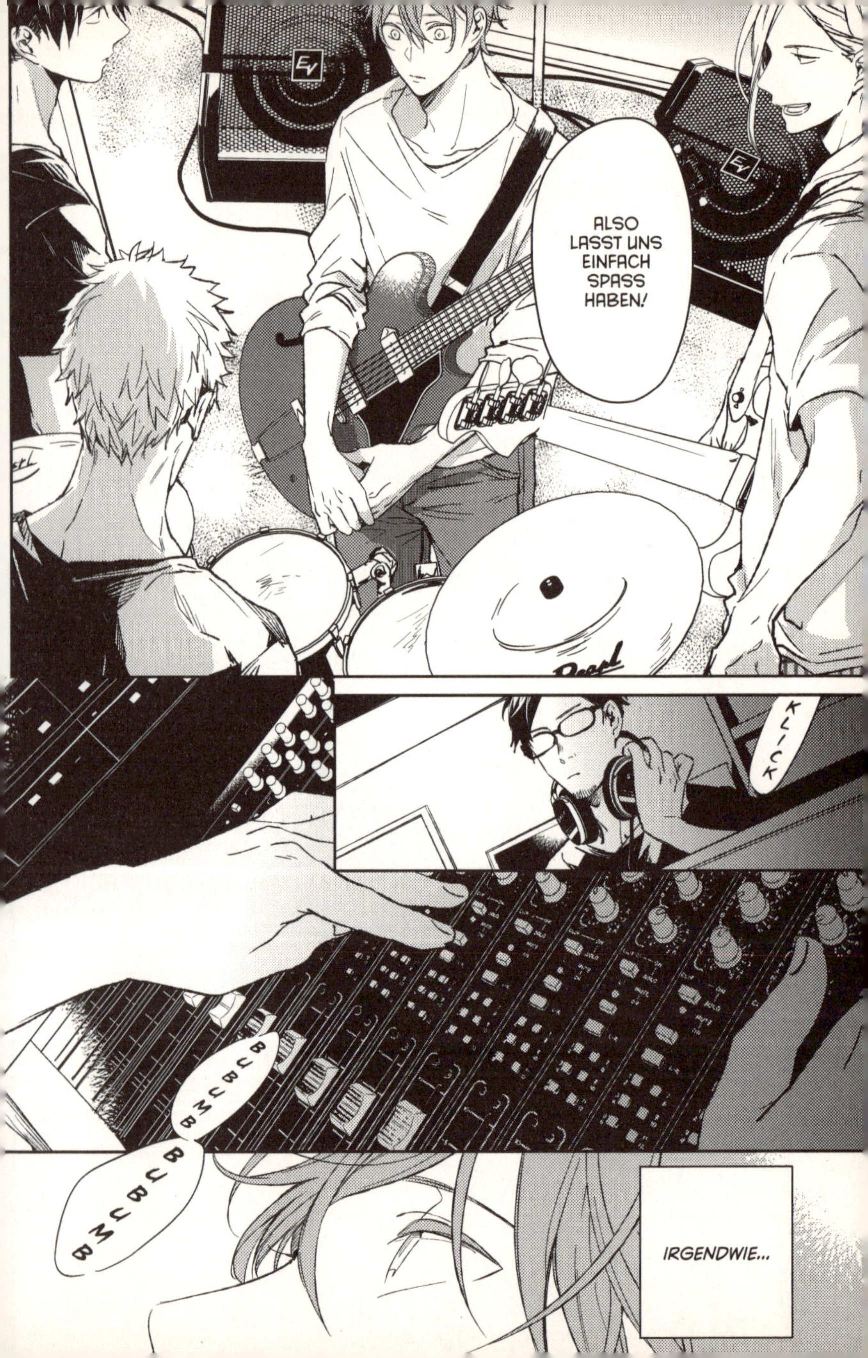
ALSO LASST UNS EINFACH SPASS HABEN!
KLICK
BJBJMB
BJBJMB
IRGENDWIE...

FIHH...
... WEISS ICH NIE...
... WIE ICH REAGIEREN SOLL.
WAH
WE ARE READY
WOHOOO...
ICH KANN NICHT...
BUBUMB
... WEINEN UND LACHEN...
BUBUMB
... SO WIE ANDERE LEUTE.
GLAUBE ICH.
ICH KANN MICH AUF JEDEN FALL SCHLECHTER MITTEILEN, ALS ANDERE.
BUMM

BAMM
BUMB
ABER...
... TROTZ-
DEM...
BUMB

IN WAHRHEIT...
BUBUMB
„WIE'S SCHEINT, BIN ICH AUCH ZIEMLICH MIES DARIN, MEINE GEFÜHLE IN WORTE ZU FASSEN..."
BUBUMB
„... UND MITZUTEILEN."
IN WAHRHEIT WOLLTE ICH IMMER...
HHH...

BRITZL
... NUR...
WHOOOSH
... DASS JEMAND VERSTEHT ...
... DASS ICH VOR QUAL UND SCHMERZ SCHREI-EN MÖCHTE, AUCH WENN ICH NICHT WEINEN KANN.

UND SEI ES NUR EIN BISSCHEN.

given

Natsuki Kizu
präsentiert

. code.11
given

ZIIIEP
ZIEP
ZIRP ZIRP
ZIIIE
...
RASCHL
WAS MACHST DU DENN DA?
ZIIIRP
ZIRP
...
KANNST DU NICHT REDEN?
...
SO FING ES AN.

ZIIIEP
ZIZIIIEP
...
WUPP
VRUMM!
WENN ICH REDE, SCHLÄGT MEIN VATER MICH.
STPP
ZIIIEP
ZIIIEP
STUTZ
...
ICH...
... BIN ABER NICHT DEIN VATER.
DAS WAR ALLES.

OLIC

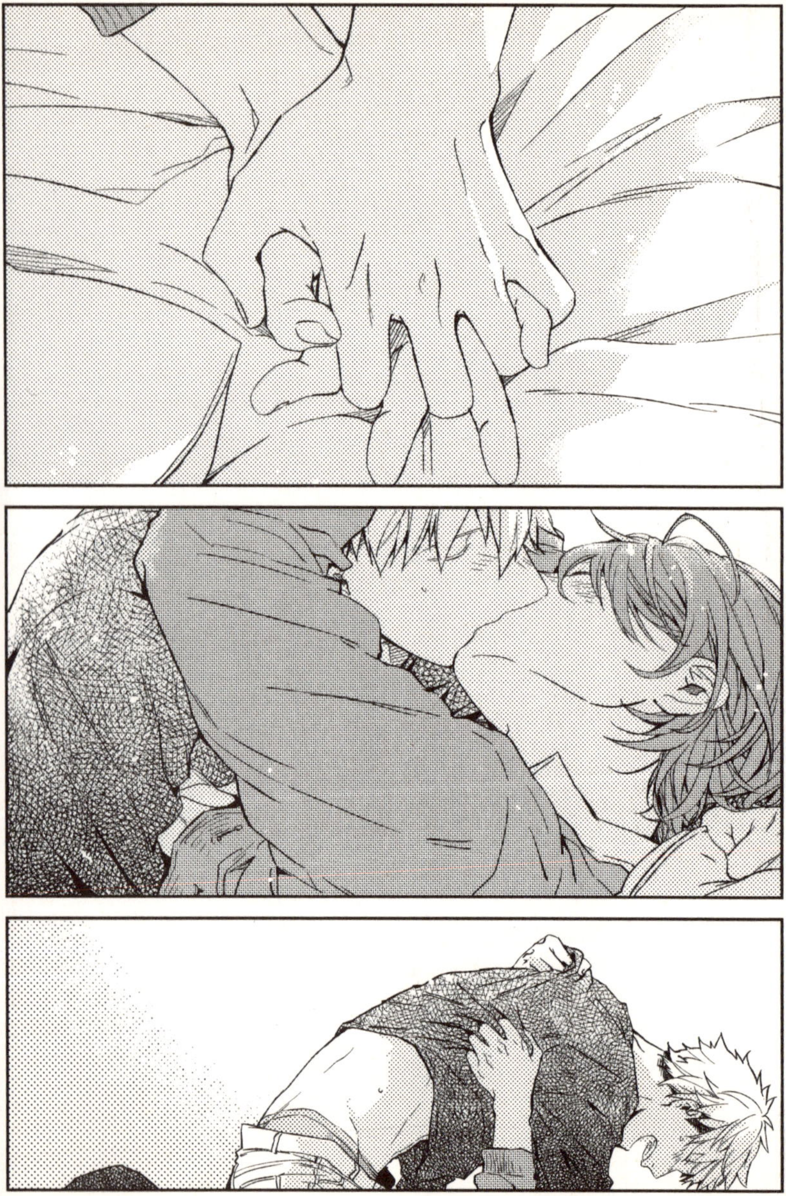

KITZEL
!
...
SQUISH
MAFUYU
...

„FÜR DICH WÜRDE ICH ALLES TUN."
ICH WUSSTE ES...
... WAS IN JENEM WINTER GESCHAH.
„HÖRST DU ENDLICH MIT DER MUSIK AUF?"
ICH BIN NICHT EINSAM.
„WIESO ZWEIFELST DU AN MIR?"
„ICH..."
AUCH WENN ICH DICH NIE WIEDERSEHE...
AUCH WENN ICH KEINE WORTE MEHR HABE...
„... KANN OHNE DICH NICHT WEITERLEBEN."
AN JENEM TAG...

„WÜRDEST DU DANN AUCH FÜR MICH STER-BEN?“

SHRAMM
BRITZL
BRITZL
BRITZL

DRÖHN
PRICKL
AS IST
NN MIT
DEM...?
... UND NACH DEM GESPRÄCH IN JENEM WINTER...
... AN JENEM ABEND...
KRISSL
STARR
... BIST DU FÜR IMMER VON MIR GEGANGEN.
HAAAH
HA...

WARUM...?
WIESO...!!
... HABE ICH...
TAMP
... DAS DAMALS...
... NUR GESAGT...?

SHRAMM
CHIK
AH, VERSTEHE...
BUMB
BUMB
ざわ
RAUN
WAAAH
RAUN
BOFF
...

DER JUNGE...
... GEHÖRT ZU DEN MENSCHEN, DIE MIT TALENT GESEGNET WURDEN.
ワァッ
WAAAH
ICH BIN NICHT EINSAM.

DENN WOHIN ICH AUCH GEHE, DU BIST IMMER DA.

KYAH HA HA
DINGDONG
AUF GLEIS ZWEI FÄHRT EIN...
DER ZUG NACH...
GEH SCHON MAL VOR...
DU BIST IN MEINEM KOPF.
DU BIST IN JEDER SZENE.
VOOOM
WOHIN ICH AUCH GEHE, KANN ICH DICH RIECHEN UND SEHEN.

ICH KANN DIR NICHT VERZEIHEN.
ICH KANN MIR NICHT VERZEIHEN.
ABER ICH MÖCHTE ES SO SEHR.

DU FEHLST MIR SO!

WAAAH
...
HAAAH...
MEINE FINGER SIND STEIF.
ICH BIN GE-BLENDET UND SEHE NICHTS.
ICH KANN MEINE STIM-ME NICHT RICHTIG HÖREN.

DAS HERZ IST WIE EINE SAITE.
IST SIE ZU LOCKER GESPANNT, GIBT ES KEINEN TON.
SIE MUSS SO SCHMERZHAFT STRAFF GESPANNT SEIN, DASS SIE KURZ DAVOR IST, ZU REISSEN.
ERST DANN...
... ERZEUGT SIE EINE WELLE, DIE GROSS GENUG IST, DAS TROMMELFELL ZUM SCHWINGEN ZU BRINGEN.
ALS ICH ZUM ERSTEN MAL AUF DER BÜHNE STAND...
... WAR ICH SO SCHLECHT UND SO AUFGEREGT, DASS ICH NICHTS ZUSTANDE GEBRACHT HABE.
ABER...
... ICH HATTE WAHNSINNIGES HERZKLOPFEN.
WIE KONNTE ICH...
... NUR VERGESSEN...
... WIE REIN UND UNVERFÄLSCHT DAS WAR?

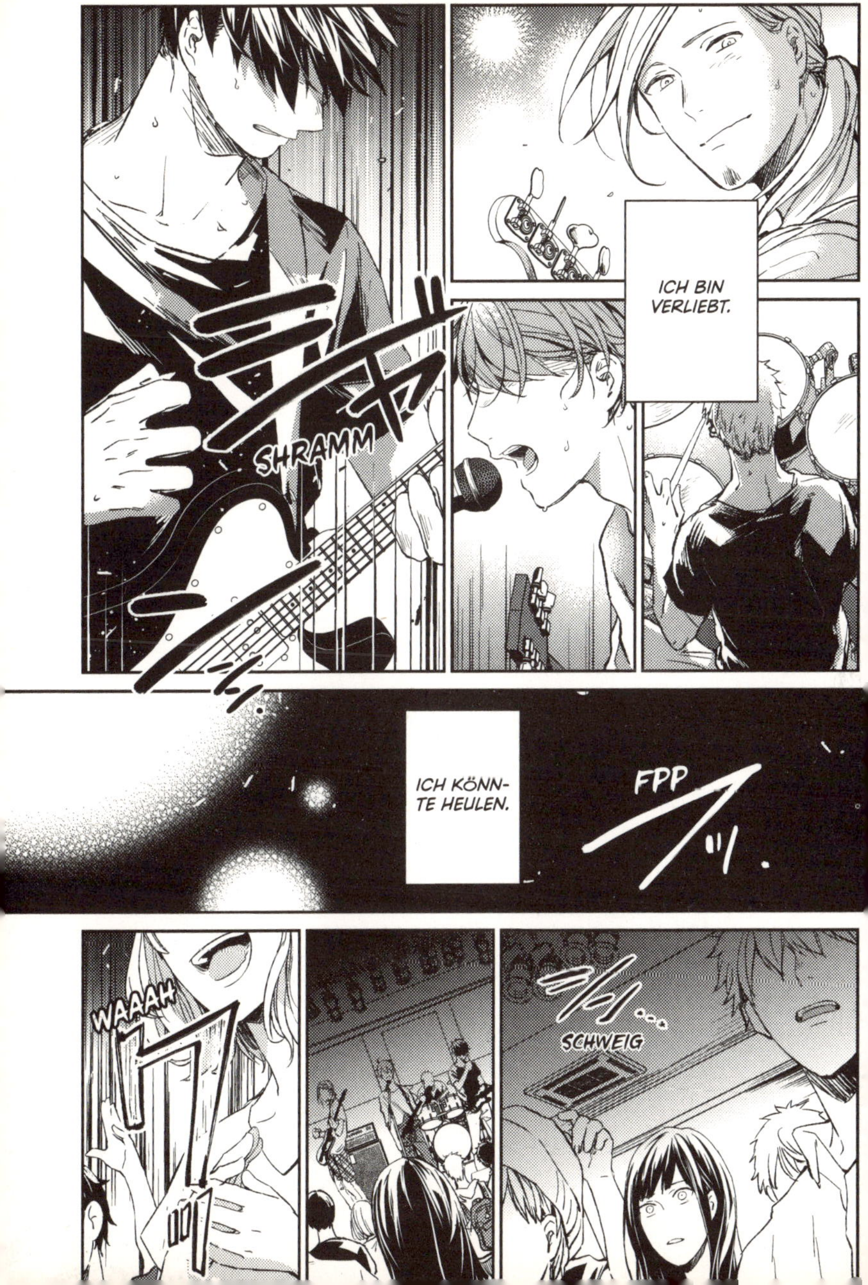
ICH BIN VERLIEBT.
SHRAMM
ICH KÖNNTE HEULEN.
FPP
WAAAH
SCHWEIG

CLAP
WAAAH
CLAP
PFEIF
...
CLAP
CLAP
CLAP
CLAP
SCHWANK
CLAP
WAAAH
WANK
WANK
CLAP
CLAP
CLAP

ICH BIN VERLIEBT.
CLAP
CLAP
DAS IST NICHT FAIR...
ICH KANN ES NICHT MEHR UNTERDRÜCKEN.
SCHMIEG
DANKE...
... DASS DU MICH SO WEIT GEBRACHT HAST.

ICH KANN ES NICHT MEHR LEUGNEN.
VRUSH
WUPP
SSST
DANK...
ICH KANN EINFACH NICHT MEHR WIDERSTEHEN.

DU...
... WÄRST ...
... GRÖSS-ARTIG.
WUSCHEL
LASS UNS NOCH EINEN SONG SPIELEN.
...

DRÖPPEL
ぽた
DRÖPPEL
ぽたっ
OKAY, WIR KÖNNEN WEITER-MACHEN.
AH!
PFEIF
UNSER GITARRIST IST WIEDER DA! DANN KÖNNEN WIR JA JETZT MIT DEM UR-SPRÜNGLICHEN SET WEITERMACHEN!

CLAP
CLAP
FUJIMOTO AN DER PA! DEN DRITTEN SONG BITTE!
WAH
DER IST NOCH OHNE GESANG.
PFEIF
ICH HABE MUSIK, DIE ICH MAG.
JAJANG
PADAM
DADADAM
ICH BIN NICHT EINSAM.
MEIN LEBEN MACHT SPASS.

ICH HABE VERGNÜG-LICHE MITTAGS-PAUSEN.
ICH HABE EINE NEUE LIEBE.
WENN ICH NUR NOCH EINMAL MIT DIR SPRECHEN KÖNNTE!

WIE IN JENEM SOMMER. WIE IN JENER NACHT.
PLAPPER
ざわ
HEUTE WAR SUPER, WAS?
GUT GEMACHT, JUNGS!
DANKE.
DIE ZWEITE BAND WAR ECHT GUT.
AH, DIE...
PLAPPER
ざわ

HEY!
!
KICK
...
WAS MACHST DU DENN FÜR EIN GESICHT?
IST JA WIDERLICH.

すとん
PLUMPS
...
ぐっ...
UNGH
...
...
YUKI WUSSTE, DASS DU MUSIK MAGST.
WENN DU AB UND ZU MAL VOR DICH HIN GESUMMT HAST...
... HAT ER DICH IMMER AUFMERKSAM ANGESEHEN.

YUKI WOLLTE...
... IMMER ...
... EINEN SONG FÜR DICH SCHREIBEN.
ABER DU WOLLTEST NICHT...
... DASS ER EINEN FÜR DICH SCHREIBT.
DU WOLLTEST, DASS ER SAGT: „LASS UNS ZUSAMMEN EINEN SONG SCHREIBEN", RICHTIG?
...
HIIRAGI.
WIE FANDST DU DAS KONZERT?
BESCHISSEN!
DEINE FINGER WAREN VIEL ZU STEIF.

HIIRAGI.
WAS?
ICH HABE MICH WIEDER VERLIEBT.
...
IST DOCH SUPER.
GIB DEIN BESTES.

UNTERSTÜTZ MICH DABEI.
WIE LÄSTIG!
HA, HA, HA.
ま28
STOP
To be continued...

given

Natsuki Kizu
präsentiert

HINTERGRUND

* MANIFESTATION ÜBERNATÜRLICHER KRÄFTE AUS DEM MANGA „JOJO'S BIZARRE ADVENTURE" (JOJO NO KIMYO NA BOKEN) VON HIROHIKO ARAKI.

WIE EIN HUND, DER EIN INSEKT GEFANGEN HAT UND ES STOLZ PRÄSENTIERT

WERTVOLLE PROTEINQUELLEN

* NUDELSUPPE MIT SOJABOHNENPASTE.

HUMM …
… HUM … ♪
HUM …
… HUM …
GOTONG GOTONG
HUMM … ♪
GOTONG
HM-M-M…
… HUMM … ♪

Ans Meer
Given (2)
Bisher unveröffentlichte Episode

UWAH!
IST DAS KALT!
HIUUUU
BAH, WIE ÜBEL! ICH WILL NACH HAUSE!
DU WOLLTEST DOCH ANS MEER, YUKI...
SHASHAAA
SHUSHUUU
WEIL ICH DACHTE, DAS WÄRE EIN COOLER ORT FÜR EIN DATE.
EIN DATE ...?
HIUUU
HATSCHI
DU HAST MICH DOCH NOCH NICHT MAL GE-FRAGT, OB ICH DEIN FREUND SEIN WILL.
UND?
DU DOCH AUCH NICHT.
MIST! HAST DU TEMPOS DABEI?
ABER ALLE DENKEN, DASS WIR ZU-SAMMEN SIND.
WIR SIND JA QUASI AUCH ZU-SAMMEN.
IST DA EIN UNTER-SCHIED?
SCHNAUB
JA, ABER DER MACHT NUR ETWA EIN PRO-ZENT AUS.
SHIT! DAS MEER IST ECHT ÜBEL.

HHH
HM?
WAS IST?
!!
ICH GLAU-BE... ICH BIN ZUM ERSTEN MAL AM MEER...
WAS? IST DAS DEIN ERNST?
SHAAA
SORRY, DASS ICH GESAGT HAB, DAS MEER SEI ÜBEL.
HM? WAS REDEST DU DA?
DAS MEER IST SUPER!!
DAS BESTE!
LÜGEN IST FÜR DICH WIE ATMEN, WAS?
SHASHAAA
TAPP
HUM-HUM...
HUMM... ♪
TAPP
HUM-HUM... ♪

HUM-HUMM...
♪
HM-HM...
LASS UNS NACH HAUSE FAHREN.
NOCH FÜNF MINUTEN.
WIESO DENN?
WEIL WIR DAS ERSTE MAL ZUSAMMEN AM MEER SIND UND ICH WILL, DASS SICH DAS TIEF INS GEDÄCHTNIS EINPRÄGT.
TAPP
TAPP
FAST ALL MEINE ERSTEN MALE SIND MIT DIR, YUKI.
WARUM SO GIERIG?
DANN KOMMT DIE ERINNERUNG DARAN VIELLEICHT ZURÜCK. BEIM NÄCHSTEN BESUCH AM MEER.
ODER AN EINEM WINDIGEN WINTERTAG.
...
ODER AUCH BEIM SUMMEN DIESES „KOMISCHEN SONGS“.
DAS VERGISST DU AUCH OHNE DIE FÜNF MINUTEN NICHT.

NEIN.
ABER DU WIRST ES VERGESSEN.
IN DEM MOMENT...
... HATTE ICH EINE KURZE VORAHNUNG.
NÄCHSTES JAHR ERINNERST DU DICH NOCH.
UND VIELLEICHT AUCH IN FÜNF JAHREN.
ABER IN ZEHN JAHREN ERINNERST DU DICH VIELLEICHT NICHT MEHR.
ICH BIN SICHER, ICH WÜRDE MICH AUCH IN ZEHN JAHREN NOCH AN DIESEN TAG ERINNERN.
OKAY, FAHREN WIR NACH HAUSE.
ABER GANZ ALLMÄHLICH WERDEN DIE ERINNERUNGEN WOHL VERBLASSEN.

DIE ERINNERUNG AN DEN NAMEN DER BUSHALTESTELLE, AN DER WIR AUSGESTIEGEN SIND.
AN DIE FARBE DES PULLIS, DEN ER TRUG.
AN DIE WORTE, DIE WIR DAMALS GEWECHSELT HABEN.
DAS ALLES WERDE ICH SICHER STÜCK FÜR STÜCK VERGESSEN.
LASS UNS IN DER BADEWANNE MITEINANDER SCHLAFEN, WENN WIR ZURÜCKKOMMEN.
WENN ES DAS IST, WAS MAN ALS „EINSAMKEIT" BEZEICHNET...
HM...
... NÖ...
... WERDE ICH ES IRGENDWANN...
... AUF EINER FLAMMEND HELLEN BÜHNE WISSEN.
WAS DENN NUN?
HA HA HA
NÖ.
Ende

SUTOPPU!

Koko wa kono manga no owari dayo.
Hantaigawa kara yomihajimete ne!
Dewa omatase shimashita!
Tanoshii hitotoki wo dozo!

Egmont Manga Chiimu

STOPP!

Das ist der Schluss des Mangas.
Fangt bitte am anderen Ende an!
Und nun genug der Vorrede,
viel Spaß beim Lesen!

Euer Egmont Manga Team

„Given" von Natsuki Kizu
Aus dem Japanischen von Claudia Peter
Originaltitel: „GIVEN" Vol. 2

Originalausgabe:

First published in Japan in 2016 by SHINSHOKAN CO., Ltd. Tokyo
German version published by Egmont Verlagsgesellschaften mbH under license from SHINSHOKAN CO., Ltd.

Deutschsprachige Ausgabe:
Egmont Manga
verlegt durch Egmont Verlagsgesellschaften mbH,
Alte Jakobstr. 83, 10179 Berlin

5. Auflage 2020

Lektorat: Michael Peter
Korrektur: Etsche Hoffmann-Mahler
Koordination: Manuela Rudolph
ISBN 978-3-7704-9858-1

Textbearbeitung: Madlen Beret
Gestaltung: Sonnenfisch Production – Laura Bartels
Printed in the EU